L'heure ovée

Paul Savoie

L'heure ovée

Éditions du
Noroît

Le Noroît souffle où il veut, en partie grâce aux subventions du Conseil des Arts du Canada et de la Société de développement des entreprises culturelles du Québec. Les Éditions du Noroît bénéficient également de l'appui du Programme de crédit d'impôt pour l'édition de livres du gouvernement du Québec (gestion SODEC).

Mise en pages : Normand Poiré (Kombleu)

Dépôt légal : 3e trimestre 2015
Bibliothèque et Archives Canada
ISBN : 978-2-89018-964-5

L'auteur remercie le Conseil des arts de l'Ontario pour son soutien à la création

DISTRIBUTION AU CANADA
Dimedia
539, boulevard Lebeau
Saint-Laurent (Québec) H4N 1S2
Téléphone : 514 336-3941
Fax : 514 3313916

DISTRIBUTION EN EUROPE
Librairie du Québec (DNM)
30, rue Gay-Lussac
75005 Paris
Téléphone : 01 43 54 49 02
Télécopieur : 01 43 54 39 15
liquebec@noos.fr

Éditions du Noroît
4609, rue D'Iberville, bureau 202
Montréal (Québec) H2H 2L9
Téléphone : 514 727-0005
lenoroit@lenoroit.com
www.lenoroit.com

Imprimé au Québec, Canada

Fleur innommée

il y a
cette plaine

et sur un damier
une simple présence
une forme inéluctable

on pourrait l'ausculter depuis l'avion
qui passe au loin
ou de plus près
le ciel maintenant perçu
à partir du sol
à partir de l'unique peuplier
un de ces arbres qui n'en finissent plus
de paraître trop grands
comme une envie de s'y hisser
on dirait qu'il s'étend à tout jamais
sous l'écran céleste

immobile
en totem
il attend

un avion passe

l'enfant sait pourquoi il a tant voulu
monter si haut
il comprend mieux que l'adulte
la force de la rainure
l'engouffrement de la racine

installé sur la longue branche
entortillée
observatoire précaire
il évalue le champ
le nombre de fusées secrètes à sa portée
mesure l'absence déroutante
d'astres
et de traces d'ailes
comprend à l'instant même
la portée du vide

se souvient-il de la clé
des royaumes invisibles?

saurait-il susciter un rêve
au moyen d'une corde suspendue?

il cherche une perche

la corde qui lui permettrait
de traverser l'espace nu

il se laisse glisser
la plaine a cet effet-là
elle permet de tomber
tout en ne défonçant jamais la limite
on peut en escalader la surface
s'y enfoncer tout en demeurant profondément ancré
devenir ce que devient l'écorce
sous l'emprise des cascades
la pierre
que fait déferler la mer

l'enfant penche la tête
aussi simple dans le désir de tendre le corps
que la mouette sur l'épave
l'amoureux en quête de pardon
que seule la fenêtre
sépare du gouffre
la lave ensemence ainsi la terre
de chardons de brume

à mains ouvertes
il donne la pleine mesure
à l'étendue
en saisit la sonorité
comme certaines fentes captent parfois
parfaitement accordé
le sifflement du vent

l'enfant pressent la créature enfouie parmi les souches
elle se défait des mottes de glaise
qui recouvrent les paupières
elle pose en gerbes clairsemées un regard trouble
comme le naufragé agrippé aux balises
après la disparition des voiles
et des épaves
qui dresseraient
en signes fugaces
le bilan du désir
graveraient
sur la paume meurtrie
les lignes de l'appartenance

l'enfant voit se tracer en pointillés
le visage tant espéré

ou est-ce une simple effigie
un épouvantail pour dire au corbeau
en ce début de la saison criarde
qu'il ne serait pas de mise
de songer à un quelconque rassasiement?

l'enfant se demande
s'il ferait mieux de se camoufler d'ombre
le peuplier le protège
de moins en moins

l'enfant ne sait plus
s'il existe
un moyen de survivre
ici

rien ne se gruge
on ne saurait émietter le ciel
en ce jour de l'ensoleillement le plus dur
le plus déroutant des éclaircissements

l'éveil le plus aveuglant
parmi les tiges
qui dansent

il faut jauger le vent
ainsi que le sol
chaque chose s'ouvre
se ferme à multiples tours
on ne sait jamais quelles trappes
le jour blanchi offre aux pas muets

s'impose alors une loi cruelle
par simple dérangement
par le mouvement incessant
de tout ce qui donne sa nervure à la terre
ce qui déclenche le tremblement le long de ses sillons
l'éclosion à l'intérieur de ses noyaux

on dirait que les arbres, les feuilles, les racines
s'abreuvent un instant
à la même source
il y a
tout près
l'oiseau secret
dont on pressent le ramage étrange
avant même l'invention des mots
avant que la tendresse n'ait été suscitée
ou que ne soit semée la première graine
pour la fleur virtuelle
la tige endimanchée

le premier frémissement
le geste ondulé
les spirales de la paume
le doigt capable de tout inverser
à force d'évoquer le jeu tourbillonnant
de l'étendue

personne ne saurait expliquer
le vol trompeur de l'avion
avec sa longue traîne poudrée
tel un jet de brindilles
un prédateur qui se détache
de la page feutrée du ciel
se défait de sa propre fureur

la résine entre les doigts de l'enfant
ne peut rien
contre la chute soudaine
les doigts ne font qu'affixer la charpente
en pièces détachées
aux crochets azurés

guenilles de bois
ballottées par la brise

quelqu'un vient

l'enfant ne distingue plus les formes
ne saurait dire si un homme
ou une femme
s'approche maintenant de lui

à cause du déplacement de l'air
il songe au roseau plié chaque fois
en sens contraire
au-dessus du ruisseau

ne sait plus
penché dans une direction ou l'autre
à quelle surface se vouer

l'homme ou la femme
à cause de la clarté foudroyante
ou d'un bruissement soudain
tourne la tête

regarde au loin
pas tout à fait vers l'horizon
un peu plus près du carré étroit
où s'est réfugié l'enfant

là-bas
puisque le regard donne à ce point éloigné
une importance démesurée
on devrait y déceler une trace
un dessin peut-être

une asymétrie
une brisure

qui ne résonne pas
ni ne renvoie à une autre dimension

n'appelle pas d'autres visages
d'autres lieux

l'homme ou la femme se dit
tout est plane
parfaitement lisse

en surface rabotée
telle la longue planche rectiligne
du lac Manitoba
en ces jours de calme plat
où le lac gaine ses ondulations
frotte contre la peau amollie
ses baumes de brins de scie

l'homme ou la femme sent monter
la petite bruine douceâtre
qui donne son brans et son cristal
à la plage endormie

l'homme ou la femme
sonde le frémissement
que répand sur le paysage
le reflet d'un visage
presque oublié

en cet instant d'infime turbulence
les yeux ne cernent
que de fragiles mouvances

toits en sourdine
qu'une girouette ramène
en cercles grandissants
vers un éternel point de départ

l'ondulation
le début de l'ondulation
se forge ici

tout devient conjoncture

le tableau se dessine
à même la toile inavouée
de l'oiseleur

cela suppose qu'un geste ait été posé
afin de capter ou de libérer
sinon les lignes s'afficheraient
en déroutantes marges
poudreries entêtées
les sons résonneraient plus que jamais
les mots s'entasseraient
monticules blafards qui rouleraient
tourneraient sans arrêt
aboutiraient en rafales de rêve
sur l'écran des muettes blancheurs

des milliers de minuscules tourbillons
s'inscrivent sur les lèvres
tatouages à peine perceptibles
du désir de s'assouvir

l'homme ou la femme sent le besoin d'évoquer
sa parole en gage
plume aiguisée qui rédige contre la peau
fébrile l'acte insensé de se reconnaître

il ou elle avance d'un pas
découvre ce qui repose au bout du geste
depuis longtemps inscrit dans les interstices
de chaque mouvement

un pas de plus
arrive à peu près au milieu du champ

ce n'est jamais tout à fait le milieu
le champ s'étend à perte de vue
le corps rapetissé ne s'ajuste à ses bordures

on dirait un centre quand même
ce qui permet de percevoir le bout du champ
une fausse limite
un champ donne un autre champ
anneau entrelacé à d'autres anneaux
et ainsi de suite jusqu'à son propre agencement
au mouvement qui soulève la terre
aimantation à partir d'eaux inconnues
pour la première gerbe et celles qui suivent
jusqu'aux pointes encore invisibles
de l'épi

il ou elle avance
parce que cela ne donnerait rien
de reculer

l'homme ou la femme
a l'impression
d'arriver à un point de non-retour

là-bas
plus loin
avant même que soit ensemencé le champ
ou que le blé au blé ait été conjugué
entre le long sillon de pas entremêlés
et des centres que l'on sème pas à pas
vers l'ocre profond
où remuent l'être et la racine

maintenant que l'heure éclate
chacune se retourne
c'est plus fort que soi
derrière s'étend le champ plus vaste
une terre défait la limite que l'on croyait établie
crée dans toutes les directions
de nouvelles dimensions

le ciel répète à l'infini
l'image habitée

le corps en abyme se laisse envahir
les courants multiples écartèlent l'image
la terre gémit
tout se fend
phrase libérée vers les sources renouvelées

l'homme ou la femme
cherche à comprendre
personne ne se souvient
des anciennes formes ensevelies
qui traversent en fantômes
la saison sacralisée

il y aurait lieu de bâtir une cathédrale
entre les sillons
afin de faire vivre ses vitraux
ainsi que ses réfractions

il faut trouver l'aire
l'axe   la charpente

le poteau pour la blessure
l'arc-boutant

la génuflexion   la résurrection

la carapace du vent
à l'endroit des os

le balbutiement
lorsque le souvenir saigne

car il y a le centre
ce qui annonce le centre
ou simplement le mouvement vers le centre
le mouvement vers ce qui explique le début
et intercale la fin

la distance parcourue
n'a rien à voir
avec le temps
n'explique pas le jour
ne réduit pas la nuit à un agencement
l'aurore à un vacillement

elle dicte à peine
par images surimposées
la phrase qu'annoncent
les signes ravivés

elle correspond à peine à ce que l'homme
   ou la femme ressent
au moment de ce premier pas
vers un point fixe qui absorbe l'ensemble

ressemble à ce qui ne s'oublie jamais
petit tam-tam en sourdine
de l'heure ovée

le souffle ponctue à peine le désir
le cœur se débat
contre le tumultueux instant
le sang injecte mal l'attente
dans les veines
bat à rythme saccadé
contre l'arc de l'iris
qui oscille

c'est la plaine
son début et sa fin

moelle enivrée
qui danse sa danse carrée
parmi les gigues de boue
les fentes
les solfèges
les rhizomes

alphabet à ciseler
sur les lèvres
qui se défendent
contre le mutisme

qui crient
sur l'étendue
la force de leur aile
la portée de leur déploiement

l'enfant regarde de plus près
il tend le bras
ouvre la main

une fleur innommée
éclôt soudainement
couleur d'orge

le vent
en lac endormi
fait trembler le sol

une vague déferle
donne un nom à l'horizon

l'homme et la femme
se prennent par la main

le firmament enseigne sa gigue à l'enfant
qui danse
jusqu'à la brunante

le peuplier sème ses totems sur l'étendue

Les vingt-quatre enfantements de la muse

1

elle ne sait pas depuis combien de temps
elle flâne ainsi
étendue sur son hamac d'air
suspendu aux crochets de l'horizon

chaque fois qu'elle ouvre les yeux
ou qu'elle baisse légèrement la tête
la densité du ciel change

ce n'est pas que son mouvement ajoute
quelque chose de précis
au paysage
pourtant son regard affecte tout

déjà
l'horizon
dévie

2

elle le sait bien
elle évitera désormais
de sonder ou de scruter
et surtout de rien inventer

sinon
tout risque
de transformer en gouache

ce qui
en réalité
se résume
à un simple vol d'oiseau

3

on aura mis six jours
pour créer un univers habitable
un septième pour lui donner une perspective

cette rumeur l'étonne

cela lui a pris
trois infinis déjà
pour donner à son geste incertain
l'empreinte
d'un cœur battant

4

elle n'ose pas étendre le bras
par crainte d'effacer le cours
d'insérer sous la terre
trop de strates imprévues

elle pratique l'immobilité
l'absence absolue de désir
elle élimine les souvenirs
au fur et à mesure qu'ils risquent
d'agencer trop strictement
le paysage

tant de bribes subsistent
des morceaux épars
pointillent l'iris
donnent un rythme parfois irrégulier
à la respiration

elle est tentée d'écarter les lèvres
se retient
afin de ne pas fracasser
le silence

elle entend quand même gronder le sol

5

tant de flèches flétries
heurtent les boucliers suspendus
tels des roseaux accrochés aux murs

une nervure
greffe le mouvement
au bras
alerte le poignet
de l'emprise graduelle de la rosée

un gant transparent
protège de l'infiltration du vent
le visage qui enclenche l'instant
sa fulgurance contre la lèvre
humectée
de sang
première blessure de l'aurore

6

elle insuffle à la glaise
une empreinte sulfureuse
les arcs du poignet
endiguent la lune
au moment où les rayons de nuit
répandent leurs couches d'eau
le long des rainures
du front

ainsi se dessinent
à paupières closes
les confins de l'heure
qu'elle habite

7

tous les cris de l'univers
gravitent vers elle
chaque fois qu'elle tend l'oreille
vers ce qui à première vue
ressemble à une peau tendue

à vrai dire
c'est le diapason
qu'active son doigt habile
en réponse à l'écho

le tissu léger
d'un cocon minutieux
s'étend
entre les chapiteaux
du jour

8

deux mains
en masques soyeux
palpent la pulpe
comme les rets des fantômes
ramassent dans leurs bulles
les ondines
afin de tisser la crête

les doigts
écartés
libèrent les hippocampes
de la hantise de la vague

9

il faut qu'elle se torde le corps
pour enfin rouler en cylindre
entre les anneaux de l'abîme
percer
par savantes torsions
la surface tendue

une étendue
se prend pour un buisson
entre les feuilles mortes
et le ruisseau
qu'invente
sur les premiers rayons du jour
un reflet de paysage

10

elle apprend pour la millième fois
l'art de jauger la profondeur
c'est-à-dire ce qui se trouve hors de portée
de l'autre côté de la ligne imaginaire

la bordure que cherchent les habitants
des autres sables
les scruteurs des autres horizons

la vrille
vers l'intérieur des noyaux

le coup de perforation
pour extraire de la moelle
le suc abondant

ce qu'il faut à l'écorce
pour tendre vers l'arbre

11

la rainure
trouve refuge
sur l'indéchiffrable extrémité

celle aux griffes
et aux tentacules invisibles

le point de convergence des artères

l'éruption du volcan
sous la racine
là où tremble le sol
et gémit l'âme

12

étendue sur le dos
sur son hamac précaire
par ses bras tendus
elle insère dans l'interstice
une forêt dense
une éclaircie
un cours d'eau

elle serait tentée
par un mouvement subit
d'y ajouter en pointillé
un animal effrayé

elle croit le silence suffisamment efficace
le laisse dessiner
en gestes furtifs
l'orée du bois
et ce qui se cache derrière ses confins

13

elle est à la veille d'offrir à l'azur
tout au long de sa nappe insidieuse
le souffle qui bouillonne en elle
telle une matière gazeuse
entortillée dans le substrat
un grouillement à mille spirales
au centre d'une bulle
braises affolées
aspirées vers une bouche gloutonne

sa respiration
fait jaillir
le champ
et ses innombrables aiguilles
le liquide qu'injectent ses veines
l'extase de l'épi

14

doit-elle d'un seul coup se vider
de ce qui la tenaille
comme des flammes libérées de leurs cages
assoiffées de tout ce qui les entrave
et les piège?

a-t-elle le don des ravages
ou préfère-t-elle
ensemencer la terre
à coups de petits feux dévoreurs

elle offre son sang
au vent
attend
que s'amorce en elle
le remuement de la création

15

elle dompte le tourbillon
creuse au moyen de vides
les sillons complices
de son désir

elle laisse monter de chaque dimension
vers chaque surface
un petit cri en sourdine

lointain
encore imperceptible

qui bientôt
fera chavirer
les bordures

son souffle
amplifie
la marée

tout se trompe de direction

16

il pleut
elle se recroqueville
sous le canapé

le brunâtre des murs
qui encastrent son corps tendu
s'inclinent
forment des combles en appentis

les rôdeurs et les scarabées
se réfugient
sous les arcs de ses jambes

les fleurs et les feuilles forment un édredon
en rigoles de cristal

de la terre poussent des pignons
des tipis verdâtres
tapissés de champignons

elle chuchote quelque chose d'à peine audible
la forme que se donnent les mots
fait trembler les toits
tout s'effondre
pour surgir à nouveau
sur la pointe du doigt

17

maintenant qu'elle est agenouillée
tout se fait aspirer
par ses mains entrouvertes

ses doigts conjuguent le lit
le plancher l'escalier
le tapis les meubles la table
leur donnent un lieu

bientôt quelqu'un traversera
à pas imperceptibles
ce qui ressemble de plus en plus
à une salle à manger
une impression
de porte

on frappera
quelqu'un finira
par entrer

18

son regard
conjugue
la cuisine les ustensiles le poêle

ponctue
au moyen d'une larme
ce que le martèlement de son doigt
grave contre le toit
le plancher
la fenêtre

les volets fermés

19

à lueur tamisée
des pas se font entendre
dans la demeure

on entend quelqu'un chuchoter
un homme retire de l'armoire
une tasse une soucoupe

une femme verse le liquide

un rayon secret vient strier
la peau
réactivée

20

un spasme soudain
donne à l'horloge
ses royaumes

cisèle l'âtre

sème parmi les souches
les brindilles voraces

un geste d'amour éclôt
parmi les crépitements

21

vit-elle son propre amour
infini
ou celui
multiplié en pains rompus
contre la langue
le long des cours d'eau?

de toute façon
tout tremble
comme si rien ne trouvait son véritable lieu d'être

seul un bercement
saurait donner raison
à l'éruption

22

les murs se désagrègent
font place
aux cités désenchantées
risquent de désamorcer le rêve
soudainement surgi
en images surabondantes
sur l'écran
du jour

comment empêcher l'ouragan?

elle cherche son propre visage dans le reflet
la forme de la fenêtre dans ce qui vient de se fermer
autour d'elle
le bruit de la porte
lorsqu'elle s'ouvre
ou se ferme
sur le néant

23

un bruit incongru
s'échappe de sa gorge
elle a l'impression qu'une tourmente
vient l'assaillir
ou seraient-ce les vestiges d'une souffrance
depuis longtemps évacuée
de cette zone d'oubli

elle se croise les bras
afin d'endiguer la furie
qui s'empare d'elle
en eau furibonde
qu'on ne saurait endiguer

elle retient son souffle
afin que les remparts ne fendent pas
que le tonnerre ne laisse pas glisser
sur les étendues
son suc amer

24

une larme coule sur sa joue
plus lisse que les pierres multicolores
polies par les pluies diluviennes
le long du reflet infini du paysage
devant la fenêtre

elle observe
de l'autre côté du miroir
ce que les autres cherchent à découvrir
dans son visage

la larme se mêle à l'éclat
qu'un rayon incruste
de sa douce lame
sur les palmes
qui ouvrent et ferment
comme des pétales
le volet enfin libéré

le jour se met à hurler
de délivrance

à l'horizon
une sorte de soleil
se lève

elle s'endort

le miroir s'éteint

TABLE

L'heure ovée
a été composé en Lucida 9,5 sur 11,4
et achevé d'imprimer par l'imprimerie Gauvin
le vingtième jour du mois d'août de l'an deux mille quinze
pour le compte des Éditions du Noroît

Direction littéraire
Paul Bélanger
Patrick Lafontaine